Irène Speiser · Abbild

Autorin und Verlag danken dem Fachausschuss Basel-Stadt / Basel-Landschaft für die freundliche Unterstützung der Drucklegung.

1. Auflage 2024
BUCHER Verlag
Hohenems – Vaduz – München – Zürich
www.bucherverlag.com

© 2024 Irène Speiser
Alle Rechte vorbehalten

Coverfoto: © Irène Speiser
Produktion: Jelgavas Tipogrāfija

ISBN 978-3-99018-723-4

ABBILD
Ein schottischer Streifzug

Irène Speiser

BUCHER

Inhalt

Zum Geleit	9
Erster Tag bis Zwölfter Tag	11
Danksagung	59
Bildnachweis	60
Quellen	61
Biografie	63

Einst hatten wir die Welt im Flug gewusst:
– Sie war so klein, dass zwei im Händedruck sie fassen konnten,
so leicht, dass sie mit einem Lächeln sich beschreiben liess,
so einfach wie das Echo alter Wahrheit in Gebeten.[*]

---

[*] Aus: Wisława Szymborska, «Einst hatten wir die Welt», in: *Hundert Freuden*, übertragen aus dem Polnischen von Karl Dedecius, Frankfurt am Main, 1986.

Zum Geleit

Dieses Büchlein war nicht von langer Hand geplant. Eher zufällig riss es eine Bresche zwischen den bereits gedruckten Zeilen meines Celloromans und den noch ungeschriebenen Zeilen eines Buches zu einer Fotosammlung, mit welcher ich mich seit einiger Zeit intensiv beschäftige.

Im Moment lässt meine Suche nach cellistischer Möglichkeit ein verschwundenes Konzert von Felix Mendelssohn Bartholdy neu aufleben, zumindest auf dem Papier. Ich spüre, hierfür benötige ich anschauliche Bilder und stosse auf die Schottland-Reise, die der blutjunge Komponist 1829 mit einem Freund, dem kunstsinnigen Diplomaten Carl Klingemann, unternimmt. Schottland mit seiner wild-romantischen Landschaft, seiner üppigen Weite – kein Wunder gebärt die Tour zwei gefeierte Orchesterwerke.

Die Arbeit am Roman gebietet es, Felix' Spuren aufzusuchen. Ich möchte mit eigenen Augen sehen, was er beinahe zweihundert Jahre vor mir sah, zu einer Zeit, als der Tourismus in den Anfängen steht, die Industrialisierung aber bereits rasant an Fahrt aufnimmt, gerade auf der britischen Insel. Das fotografische Abbild ist noch nicht existent. Dafür greift Felix mit Elan zu Skizzenheft und Bleistift.

Indes hält vorläufig die Pandemie meine Neugierde zurück. Erst im Sommer 2023 trete ich die Reise an. Und nehme mein Notebook mit, denn wer weiss, vielleicht gilt es, diese oder jene Beobachtung, den einen oder anderen Gedanken festzuhalten. In der Tat: Ein Reisetagebuch schwillt an, es drängt sich ein Text auf.

Eine britische Website, die Mendelssohns Reise durchleuchtet, macht mich auf seine Zeichnungen aufmerksam. Derweil stöbere ich in den Konvoluten der Fotosammlung Ruth und Peter Herzog und finde Aufnahmen, welche – nur wenige Jahrzehnte nach der besagten Reise verfertigt – eine Ahnung vermitteln von der Ausstrahlung einstiger touristischer Exkursionen. Und zwischendurch lese ich in den Briefen, die Felix und Carl in jenen Tagen an Familie und Freunde in Berlin richteten.

Eine Stippvisite nach Oxford ein paar Monate darauf, nur eine knappe Zugstunde von London entfernt, gibt mir die Möglichkeit, einen Einblick in die Zeichenhefte des Komponisten zu erhalten. Später werde ich einige Digitalisate mit zwei befreundeten Künstlern besprechen, Cécile Hummel und Alex Silber. Ende Jahr – spontan – unternehme ich einen weiteren Kurzbesuch nach Edinburgh. Ich möchte den Reiz der Stadt noch genauer ergründen. Der Zeitpunkt meinem Sommerausflug diametral entgegengesetzt: Ein Schleier aus Dunkelheit legt sich auf deren weitgehende Absenz.

Erster Tag

Einer Spur folgen, will heissen, in die Stapfen eines Vorgängers treten, eben da, wo dieser seine Reise in Angriff nahm. Ich fliege spät im Juli nach Edinburgh. Das Doppelwort easyJet, ein gesichtsloses Gedränge aufgeregter Menschen allen Alters: ein touristisches Niemandsland. Aus dem Spalt zwischen den Vordersitzen trifft mich der schelmische Blick eines Babys. Ich kenne Edinburgh nicht und freue mich auf das Entdecken einer neuen Stadt, über die mir gewährte Gunst, in ein unbekanntes urbanes Umfeld eintauchen zu können. Felix und Carl erleben ihre Anreise auf ihre Art: eine Kutsche, Pferde, Wiehern, die Erde in Griffweite, ein Horizont unmittelbar vor den Augen. Der Mangel an Bequemlichkeit den jungen Männern nicht der Rede wert.

Eine klassische Bildungsreise sollte es werden für Felix, die geistigen Wurzeln Europas zu erkunden. Der Vater hatte seinem Sohn erst Paris als metropolitane Verankerung erkoren; dieser sträubte sich und schlug stattdessen London vor. Eine fruchtbare Idee: Zehn höchst erfolgreiche Aufenthalte in der britischen Weltstadt wurden dem Komponisten zuteil, der erste hiervon mit einer mehrwöchigen Tour in Schottland verbunden – wobei Werke von Walter Scott als Familienlektüre hier auch eine Rolle gespielt haben dürfte. Nur wenige Monate zuvor hatte Felix mit der Aufführung der *Matthäus-Passion* die Wiedergeburt von Bachs Musik eingeläutet.

Edinburgh bezaubert. Die Stadt, über drei oder vier Hügel ausgebreitet, vor ihr eine elegante Meeresbucht, erscheint unprätentiös: *half a capital and half a country town*,[1] wie es Robert Louis Stevenson augenzwinkernd in seinem Essay zu seiner Heimatstadt notiert. Liebevoll, oftmals mit sanfter Ironie

---

1 Halb eine Hauptstadt und halb ein ländliches Städtchen.

zeichnet der Schriftsteller ein feines Bild vom urbanen Gefüge – noch heute, anderthalb Jahrhundert später, bietet die Lektüre Vergnügen. Vielleicht Edinburghs grösster Makel: Ein garstiges Wetter hält die Stadt oftmals im Griff, laut Stevenson *one of the vilest climates under heaven*.[2] Immerhin bieten die Sommerwochen grössere Mengen an Licht.

---

2 Eines der scheusslichsten Klimas unter dem Himmel.

Die Albuminfotografie der Firma Valentine's, von James Valentine gegründet, zeigt die Neustadt vom Calton Hill aus. Genauer gesagt, ihren östlichen Teil, bereits in den 1870er-Jahren erbaut, da wo die North Bridge die New Town mit der Old Town verbindet. Felix wird diese alte, nicht mehr existente Brücke zweifelsfrei gesehen, wenn nicht gar begangen haben. Das rote Leder des Albums, welches das Bild enthält, wirkt abgewetzt, auf seinem Cover blitzt goldig und in verschnörkelten Buchstaben der Titel *Photographs* auf. Der Online-Sammlung gemäss entstand es in den 1880er- und 1890er-Jahren.

Später erst fällt mir auf, ein anderes Album der Sammlung enthält eine ähnliche, offensichtlich ältere Edinburgh-Fotografie des Schotten George Washington Wilson: Die imposanten Bauten links im Bild sind noch nicht errichtet, die Schienen des Pferdetramways treten nur schwach in Erscheinung. Diese wurden im Übrigen mittlerweile wieder herausgerissen: Gegenwärtig verkehrt keine Strassenbahn mehr in der schottischen Kapitale. Feine, untrügliche Hinweise auf deren Entfaltung. Was indes mögen die Fasern des Papiers noch alles bergen?

Der junge Mann aus Berlin bekundet eine ausserordentliche Neugier für alles, was seine dunklen Augen erblicken. Es gibt Porträts aus eben dem Reisejahr: Felix adrett der Mode nach gekleidet, der Körperbau schmal, Locken umrunden das ovale Gesicht, die Miene ernst. Er scheint nie fotografiert worden zu sein, zumindest bleibt uns keine Fotografie erhalten. Eigentlich erstaunlich, denn die allererste Zeit der perfekten Abbildung erlebt er noch, knapp. Er selbst aber zeichnet und verfasst Briefe, zu Tausenden. Mit Elan und Eloquenz berichtet er, einige Male gemeinsam mit Carl, den Eltern und Geschwistern von seinem schottischen Abenteuer, sprüht zuweilen vor

Enthusiasmus, stürzt sich, selbstbewusst und mit Humor, in anschauliche Einzelheiten, meidet auch nicht, Erbärmliches anzusprechen.

Mein Hotel liegt leicht abseits der Besucherströme, entdecke ich erleichtert. Mein erster Spaziergang bringt mich an den Fuss der Old Town. Es ist bereits Nachmittag, ich trinke einen Tee am Rande des Gehsteigs, vor mir schlängelt sich die Royal Mile, längst zum touristischen Trampelpfad mutiert, zielstrebig hoch zur Burg.
Erst von der New Town aus werde ich das Gefüge der Häuser erfassen: Die Altstadt mit ihren hohen Bauten ähnelt einem Mini-Manhattan. Eine mittelalterliche Skyline, einem Felsen aufgepfropft – *one of the most satisfactory crags in nature,*[3] wie Stevenson pointiert festhält.

---

3 Einer der befriedigendsten Felsen in der Natur.

Zweiter Tag

Mit diskretem Fingerzeig weist Felix mich an, den Palace of Holyroodhouse zu besichtigen. Den Palast, in welchem Maria Stuart morden liess, wie er brieflich festhält, wo sie *gelebt und geliebt* hat – und er selber den Beginn seiner *Schottischen Sinfonie* fand. Vorerst werde ich indes, neugierig auf die Reize der Stadt, den Calton Hill erklimmen. Der freundliche Park liegt zwischen meiner Bleibe und dem königlichen Palast, mit seinen Säulen, den hochragenden Ruinen verströmt er einen Hauch von griechischer Antike.

Erst mein Winter-Besuch wird mich indes auf ein verstecktes Häuschen am westlichen Rand des Hügels aufmerksam machen: Das Rock House von Hill & Adamson. Das Studio ist der Neustadt zugewandt, eine exzellente Lage für das gerühmte Fotografenduo, dessen hinreissende Salzpapierabzüge in den 1840er-Jahren den rasanten Übergang der mittelalterlich geprägten Häusermasse in eine zeitgemässe attraktive Urbanität dokumentierten und hiermit im Norden der britischen Insel der Fotografie einen kräftigen Boden schufen.

Felix und Klingemann, beides wache Geister ihrer Zeit, wird die urbane Metamorphose im Übrigen aufgefallen sein. So turbulent industriell wie in Britannien, und insbesondere Schottland, ging es bei ihnen daheim nicht zu.

Mein mäandernder Weg zum Palace führt über den New Calton Burial Ground, *Cladh Ùr Calton*. Diese verwitterten Gräber, sie holen altes Leben zurück. Ich spüre die Seelen umherirren, lese berührt aus den Inschriften vom Bemühen der Menschen, ihre Liebsten in Frieden der Nachwelt anheimzugeben. Ein runder, krenelierter Wachturm gemahnt an die Grabräuber. Leichen gaben einst gutes Geld her: War zwar Edinburgh in der anatomischen Forschung weltweit führend, so kamen die Medizinschulen auf legalem Weg nur unzureichend an Verstorbene heran, um die notwendigen Obduktionen zu besorgen.

Während einiger Minuten folge ich einer älteren Schottin, einem Hauseingang entschlüpft, ein Schottenstoff umwickelt die schmale Figur. Tomatenrote Strümpfe und ein Rucksack vervollkommnen die Erscheinung. Ich bewundere die Nonchalance der Frau, ihr unbedingtes Stilbewusstsein, und erreiche endlich das Schloss.

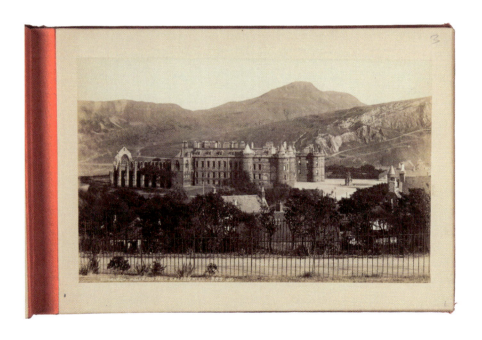

Der Albuminabzug liefert eine ungemein präzise Vorstellung des Palastes; die Ansicht in ihren weichen Schattierungen von Braun heute noch gleichartig. Dem Palast links angehängt sind die Überbleibsel der mittelalterlichen Klosterkirche. In der Ferne erhebt sich der vulkanische Hügel Arthur's Seat mit seiner singulären, abgeflachten Form. Eine Besteigung scheint mir verzichtbar.

Mein Besuch kollidiert mit der Hochsaison, unzählige Sprachen und Herkünfte umringen mich. Hochsaison: Für Felix und Carl ein unbekannter Begriff, unser gängiges Denkraster noch nicht existent. Was aber waren die beiden in Wahrheit, Touristen oder einfache Reisende? Ihre Sehnsucht nach Aufregung, nach Ungebundenheit mit beiden Vokabeln verflochten. Selbst, die Wortwahl scheint eindeutig, überführe ich mich als Touristin pur: Ich miete einen Audioguide, das royale Narrativ in erhellenden Miniportionen herauskristallisiert. Offenbar besuchte George IV. Edinburgh wenige Jahre vor Felix. Eine entscheidende Wendung: Nach Hunderten von Jahren, überraschend für alle, lag Schottland wieder im königlichen Blickfeld. Und schenkte einem Reisenden – oder doch einem Touristen? – einen blendenden Einfall.

Exakte Erwartungen werden fast immer unterwandert. Die beschauliche Abbey, von der Felix an seinem letzten Tag in der Stadt schrieb, *es ist da alles zerbrochen, morsch, und der heitre Himmel scheint hinein. Ich glaube, ich habe heute da den Anfang meiner Schottischen Symphonie gefunden.* Eben diese Abbey wird dieser Tage saniert, denn zweihundert Jahre reiben sich am Gestein. Weisse Tücher wickeln einen Teil der Ruinen ein, der Zauber der Abtei ist verflüchtigt. Wir stehen alle auf dem nüchternen Boden der Ökologie.

Gegen Ende des Tages vergesse ich nicht, in der Neustadt die Albany Street aufzusuchen. Hier, im Haus des Anwalts und Musikliebhabers George Hogarth, hatte Felix genächtigt. Eine Tafel informiert, dass eben in diesem Haus der Chirurg James Young Simpson erstmals Chloroform verabreichte – allein einer der medizinischen Höhepunkte Edinburghs. Etliche schottische Berühmtheiten, vermerkt die Tafel, belebten zeitweilig eben die Zeile, Hogarths Tochter Kate sollte gar später Charles Dickens ehelichen.

Dritter Tag

Mein zweiter Morgen beginnt mit Regen. Dumpfe Pfützen bilden sich auf dem Backstein. Der Boden ist glitschig. Ich schlendere den Vormittag über etwas ziellos in der Altstadt herum, nähere mich dem Castle entlang den dunklen Gassen. Die Burg bleibt mir verwehrt, stellt sich heraus, die Tickets für den Tag ausverkauft. Um die Ecke spielt mir dafür ein unscheinbares Messingschild ein Stück Geschichte zu mit der Aufschrift *Site of the Last Public Execution in Edinburgh*. Ein Galgen soll das Mörderleben beendet haben – der Tod ist hier allgegenwärtig.

Es folgt eine Überraschung, zur Mittagszeit. Ich finde mich kurz im Hotelzimmer ein, mein Blick schweift auf die Notizen, die ich für meine Tour vorbereitet hatte, und erhascht: Eben heute, am 26. Juli vor 194 Jahren, kurz nach seiner Ankunft in der Stadt, unternimmt der junge Mann aus Berlin eine erste Erkundung und besteigt den Arthur's Seat. Ich staune. Also doch. Ich werde in den paar Stunden, die mir in der Stadt verbleiben, den Hügel erklimmen, diesen Hügel, der so selbstbewusst elegant hinter dem Schloss thront. Der Himmel hat sich mittlerweile gelichtet, und ich breche sogleich auf. Stärke mich mit einem Espresso im Café des Palace of Holyroodhouse und packe ein Stück Fruit Cake ein für unterwegs.

Scharen von Menschen wandern mit mir hoch, folgen dem schmalen Pfad auf den saftigen, farbenfrohen Wiesen, zwischen knorrigem Nadelgewächs und üppigen Büschen. Das Vergnügen ist den Gesichtern abzulesen. Schimmerndes Gras, Blüten in mauven und gelben Schattierungen, satte Nuancen von Grün, Braun und Grau breiten sich aus zwischen den Böschungen. An und ab schiesst Heidekraut hoch. Und, seltsam, ich vernehme eine Bagpipe – keiner indes zu sehen, versteckt sich der Spieler im Gebüsch? Vor den Touristen, vor mir? Die Menschen auf dem Berg aber sind mir sympathisch. Sie suchen den Himmel auf, ihr Gang inmitten der Gräser wundersam friedlich.

Mit jugendlichem Überschwang erzählt Felix der Familie von seinem Abenteuer: *Da geht man denn über die Wiesen auf zwei höllisch steile Felsen zu …* Er schwärmt von der grossartigen Sicht, berichtet von Hochländern: *… mit den langen rothen Bärten, den bunten Mänteln und Federhüten, den nackten Knien, und ihrer Sackpfeife in der Hand, gingen sie ganz ruhig vor dem halbzerstörten grauen Schloss auf der Wiese vorbey …*

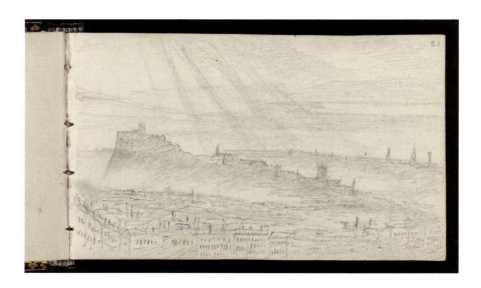

... weit umher breitet sich die Stadt aus, wo in der Mitte die Burg wie ein Vogelnest am Abhang steht: Beim Abstieg, auf der Kante des Salisbury Crag sitzend, hält Felix die Silhouette der Stadt fest. Ein Schnappschuss im Moment des Erlebens. Nur sechs mal zehn Zentimeter in etwa misst das schwarzlederne Heft mit den prächtigen Goldgravuren, es passt in eine Hosentasche. Einige Monate vorher hatte es ihm der zukünftige Schwager Wilhelm Hensel zugedacht, selbst ein bildender Künstler.

Die Feinheit, das Filigrane der Striche betört. Man erkennt unschwer die Türme der Kathedrale, ein Stück abwärts der Burg. Als wir das Digitalisat der Zeichnung gemeinsam betrachten, weist Cécile auf den Versuch von Felix hin, den dreidimensionalen Raum in die Tiefe zu staffeln. Die Weite des Landes tut sich auf, die Sonnenstrahlen ziehen Wasser. Inmitten des Häusermeers sind Baugerüste sichtbar: Sie stachen Felix ins Auge, meint die Künstlerin, ein klarer Hinweis auf das Entstehen eines neuen Stadtbildes. Die Urbanisierung ist bereits in vollem Gange.

Felix habe von frühauf viel gezeichnet, erzählt Sebastian, der Sohn von Fanny und Wilhelm in seinen Memoiren. Nicht allein Zeichnungen, unzählige Aquarelle entstehen denn auch, in Italien vor allem. Die gleiche Hand, die mit solch perlender Leichtigkeit Notenmanuskripte schafft und Briefe schreibt, hält auch Bleistift und Pinsel in einer genüsslichen Selbstverständlichkeit, und mit Leidenschaft.

Für seine Reise nach Schottland packte der Musiker zwei Hefte ein, Hensels Präsent sowie ein grösseres, von ihm selbst erworbenes Buch. Beide liegen heute in Oxford, in der Bodleian Library. *Es kommt mir vor als ginge die Zeit sehr schnell, wenn ich so viel Vergangenheit neben der Gegenwart vor mir habe*, notiert der Zwanzigjährige im besagten Brief an die Familie. Und so denke auch ich mir die Zeit, diese laufend vorbeihastende Zeit, die uns wie die Fische durch ihren Lauf spült, beim Betrachten der Skizzen in Oxford und spüre die Bewegung der zeichnenden Hand. Felix könnte neben mir sitzen. Er gewährt mir ein kleines bisschen Einlass in seinen schöpferischen Raum.

Vierter Tag

Heute beginnt meine Rundfahrt. Auf dem Weg zum Mietwagen gleite ich unwillkürlich in ein Gespräch mit einem Ansässigen. Bellende Hunde beissen nicht, sagt er, die Schotten würden sich kaum von England trennen wollen. Trotz Brexit, trotz wenig beliebter Königsfamilie. Erst seit gut dreihundert Jahren gehört Schottland zum Königreich, in den Anfängen blieb das Gebiet nur schlecht erschlossen. Als dann das System der Clans allmählich zerfiel, traten das Scots und die gälische Sprache, einst dominant, den Rückzug an. Das Englische dafür drängte sich der Bevölkerung nun rapide auf.

Unter einer dichten Wolkendecke fahre ich los, gen Norden, überquere den Firth of Forth, die Bucht bekomme ich indes kaum zu Gesicht. Entdecke dafür später in der Fotosammlung die imposante Stahlkonstruktion der Forth Bridge, eine Eisenbahnbrücke, auf der Fotografie exakt vermerkt sind Länge, Höhe, sogar Stützweite. Die Brücke – ein Denkmal an die britische Ingenieurskunst. Ein solides Mass an Selbstbewusstsein spricht aus der Abbildung. Bloss ein Jahrzehnt zuvor war jene Brücke entstanden, deren schauriger Zusammenbruch in einem Sturm Theodor Fontane so volksnah beweinte.

Mein Bestimmungsort ist das Städtchen Dunkeld. Der Regen setzt ein und trübt meinen Blick. Im fauligen Licht verpasse ich prompt eine Ausfahrt, bin kurz darauf zu einer Kehrtwende gezwungen und finde schliesslich, erleichtert, den Weg. Zwei Nächte verbringe ich in der beschaulichen Kleinstadt, aus praktischen Erwägungen raffe ich die Anzahl der Unterkünfte. Die zwei Freunde brachte damals ein Schiff die Bucht hoch, ein Einspänner dann, via Perth, wo sie nächtigten, weiter in Richtung Norden. Frei und leicht, oftmals zu Fuss, ziehen die jungen Männer durchs Land. Nie wieder wird Felix in seinem kurzen Leben, bereits die Hälfte hat er durchlaufen, solch eine Unbeschwertheit, solch einen aufregenden Taumel geniessen.

Am Nachmittag, nach einem Spaziergang zur imposanten Kathedrale – wie viele kaum beachtete Schätze birgt doch das Land, geht es mir derweil durch den Kopf –, mache ich mich unverzüglich zur Hermitage auf. Ein Waldpfad führt zum steinernen Zierbau, der überraschend eine anmutige Sicht auf die Falls of the Braan offenbart. Ein paar Jahre vor Felix und Carl hatte übri-

gens mit bekundetem Entzücken das Dichterehepaar William und Dorothy Wordsworth den Wasserfall besucht.

Die Zeichnung der Falls of the Braan ist um einiges grösser als die Skizze von Edinburgh und stammt aus Felix' selbstgekauftem Heft. Nüchtern in hellem Braun kartoniert, misst es knapp 21 mal 28 Zentimeter; Schutzpapier liegt zwischen den Seiten, teils beschrieben mit humoristischen Versen von Carl. Im Gegensatz zum Grafit des Bleistifts, das noch immer quicklebendig das Auge beschlagnahmt, ist deren Tinte mittlerweile verblasst.

Mit Wucht bricht der Braan die schwarzschimmernden Felsen hinab. Unerschrocken zögerte Felix offenbar nicht, samt Zeichenheft ein paar Meter hinunterzukraxeln. Eine Menge Schraffur bemerkt Cécile in den Wassermassen, womit der Jüngling ihr brausendes Tempo herausholte. Sie sagt auch: Eine Zeichnung sorgt sich um den Schatten, das Licht aber leuchtet auf als Papierweiss.

Ganz anders eine Fotografie: Sie zeichnet schlicht das Licht, vermag nuanciert den hellen Glanz der Felsbrocken einzufangen. Die sprudelnde Dynamik des Wassers, dessen pochender Rhythmus entfällt dafür infolge der damals langen Belichtungszeit. Und, auffällig, es fehlt der untere Rand des Gesteins: Wie hätte ein Fotograf seine schwere Gerätschaft hinab zu einer gesamthaften Perspektive transportieren können?

Die Tage sind lang hier oben, und noch spät in den Abend hinein beschreite ich mit Hochgenuss den Weg dem River Tay entlang. Ein Zauberwald breitet sich links und rechts von mir aus, mittlerweile im feinen Sprühregen – Birken, die sich durch ungewöhnlich dicke Stämme auszeichnen, Farne

in exquisiten Formen und vermooste Steingebilde lassen ihn unwirklich erscheinen. Diese unendlichen Schattierungen von Grün, sie machen trunken. Immer wieder rollen Teppiche aus nassem, braunem Laub den Hügel hinauf, als wollte der Herbst bereits mitmischen.

Abends treffe ich im magischen Wald einen Igel, und das Licht des schwindenden Tages spiegelt sich im Fluss. Ein Zug zischt am anderen Ufer vorbei, der Wust der Blätter hält ihn unsichtbar. Durch die Bäume vernimmt man das Rauschen der Schnellstrasse. Gibt es so etwas wie einen historischen Abriss von Klang?

Fünfter Tag

Immer wieder war ich auf der Karte dem Reiseverlauf von Felix und Carl nachgegangen. Würde ich nicht Umwege machen müssen, überlegte ich, ich bin auf eine Strasse angewiesen, komme nicht einfach querbeet voran. Eine Rundfahrt erwartet mich also, eine Rundfahrt, die zunächst durch den Pass of Killiecrankie führt. *Durch* und nicht *über*: Als Kontinentaleuropäerin werde ich prompt in die Irre geleitet, denn Killiecrankie meint keinen Bergpass, sondern den bewaldeten Durchlauf des Flusses Garry, welcher mit dem River Tummel und dem Tay in der Nordsee verenden wird.

Ein Pfad führt direkt an einem Viadukt vorbei, ein Schild weist darauf hin, dass er für die Highland Railway Company gebaut wurde und zehn Brückenbögen besitzt. Das üppige Laub der Bäume bringt diese derzeit zum Verschwinden. Ich lasse mich von der Dichte des Waldes berauschen – dass einst hier der schottische Heroe Bonnie Prince Charlie, vergeblich, eine blutige Schlacht gegen die englische Krone angezettelt hatte, wie es Felix und Carl offenbar bewusst war, ist der Landschaft komplett entschwunden.

Die Schlucht von Killiecrankie nahm Valentine dem Süden zu auf. Bloss wenige Jahre nach seiner Entstehung wird das Salzpapier verdrängt. Fortan halten Glasplatten die Aufnahmen fest, Positive werden mittels Albuminpapier verfertigt (bevor nur wenig später Silbergelatine das Albumin ersetzt). Fotoateliers explodieren. Rasch etabliert sich die Porträtfotografie, im wachsenden Wirbel des Tourismus wenden sich die Fotografen und ihre Gehilfen denn auch der romantischen Ausstrahlung von Landschaften zu. Der Detailreichtum dieser Bilder wurde seither kaum übertroffen.

Auch in Schottland erblüht die Fotoindustrie: In Dundee baut James Valentine sein Geschäft auf, und etwas nördlicher, in Aberdeen, entsteht das riesige Unternehmen von George Washington Wilson, dereinst Hoffotograf der Queen Victoria. Abbildungen in verschiedenen Formaten verkaufen sich zu Tausenden, einzeln oder bereits zu Alben gestaltet. Eine Reihe hiervon sowie etliche Schachteln mit losen Bildern landen in der Fotosammlung von Ruth und Peter Herzog.

Felix sitzt am Ausgang der Schlucht, richtet seinen Bleistift gegen Norden, an Sfumato gemahnend, wie Alex bemerkt, bringt er, verschwommen, ominöses Gewölk aufs Papier. Das Nebeneinander von Schummrigem und Präzisem: Konzept und Dramatik werden eins, eine Metapher für eine Komposition, sagt Alex.

Ich erreiche die riesigen Parkfelder der Falls of Bruar; auch sie zeitigten eine Skizze. Ein befremdlicher Anblick aber, vor mir liegt ein verschachteltes Häusergebilde, das House of Bruar. Von romantischer Aura ist keine Spur, hier regiert der Kommerz. Gediegenes Cashmere, Töpferarbeiten und Speiselokalitäten bilden eine Front. Eine leise Erschütterung, die Magie des Waldes, seine unbedingte Strahlkraft verflüchtigt sich.

Fast ironisch mutet es an, dass der schottische Nationaldichter Robert Burns einige Jahrzehnte vor Felix bereits die Fälle aufgesucht und den Duke of Atholl mit Versen erfolgreich gedrängt hatte, Gewächs anzupflanzen. Heute arbeitet sich eine angeseilte Gruppe Kletterer dem felsigen Wasserbecken entlang.

Nicht lange darauf gelange ich zum eigentlichen, prominenten Queen's View. Mein Blick schweift über den Loch Tummel hinweg, erstmals dem

Hochland, der sanften Bergansammlung zu. In der Ferne ragt gleichsam einer ägyptischen Pyramide der Schiehallion hoch. Die Sonne scheint, heiter schimmert das Wasser inmitten der bewaldeten Ufer. Der Bau eines hydroelektrischen Kraftwerks indes liess den einstigen Wasserpegel um fünf Meter ansteigen, heute sind Hochspannungsleitungen fest in der Landschaft integriert. Dass übrigens der Blick der Königin nicht die unwirkliche Victoria meint, sondern vermutlich Isabella, die Gattin des selbsternannten normannischen Königs Robert the Bruce, begreife ich später erst.

Stürmischer Regen hält Felix und Carl ab, den bereits damals berühmten Aussichtspunkt zu besuchen. Einige Meilen weiter, im gefundenen Nachtlager in Tummel Bridge, notiert Felix: *Der Sturm heult, saust und pfeift draussen hin und her … und trotz des Knechtgesprächs und Thürklappens ist es still! Still und sehr einsam. Ich möchte sagen, dass die Stille durch den Lärm durchklingt.*

Ich dagegen, leichten Sinnes, erlaube mir einen Schlenker nach Kinloch Rannoch, einige Meilen ins Hochmoor hinein, möchte mich gierig noch tiefer ins Land schleichen und fahre etliche Meilen weiter, als mir gewahr ist. Auf der Rückfahrt, wiederum Dunkeld zu, spüre auch ich dann das Einsame, ein bisschen Trostlose dieser menschenleeren Landstriche. Sogar in meinem flotten Citroën wird mir die Zeit lang.

Sechster Tag

Frisch und sonnengefärbt erscheinen die frühen Morgenstunden. Saftige Wiesen, von einer Baumkulisse und antiquierten elektrischen Leitungen gesäumt, führen in Richtung Nordwesten zu den Highlands. Ich steuere die Ortschaft Aberfeldy an, denn hier birgt eine Schlucht mit ihrem kleinen Birkenwald, ebenso einst von Robert Burns besungen, eine Abfolge von Kaskaden, die Falls of Moness.

Felix ist von Wasserfällen sichtlich bezaubert. Unmengen von Wurzelgewächs, Farnbüsche und wildes Geäst stöbern in den Fasern des Papiers. Woher aber nahm er die Zeit, diesen Detailreichtum festzuhalten? Reflektiert nicht dieser flinke Gestus beim Zeichnen das so oft ungestüme Tempo seiner Musik? Der Waldweg schlängelt sich steil nach oben, durch Birken, japanische Ahornbäume und Eschen, ein paar Jogger erfreuen sich am morgendlichen Frieden. Ich verzichte, den Rundweg in seiner Gesamtheit und damit den skizzierten Fall zu erkunden: Meine Fahrt wird sich heute in die Länge ziehen. Keinerlei kapriziöses Aufspritzen besehen also, wie es das Cellokonzert versichert, allenfalls ein paar Stromschnellen beäugt. Ein kleiner Verrat an meinem Vorhaben, die Augen des Musikers zu belauern?

Bereits zottelt es durch die Scheiben meines Wagens, Schafherden breiten sich über das Grasland hinweg: Die Highland Clearances scheinen durch, diese weithin vergessenen Dramen, in welchen Felix mittendrin steckte. Vom *Elend, der unwohnlichen, ungastlichen Einsamkeit*, berichtet er später aus Glasgow, von *Stuben pechfinster am hellen Tag, Kinder und Hühner auf einem Strohlager, viele Hütten ohne Dach.* Das Vertreiben hunderttausender schottischer Bauernfamilien von ihrer Scholle, diese ruchlose Gewalt neuer Landbesitzer im Namen einer ertragreicheren Schafzucht hallt durch die Worte. Später im Jahr, als ich in Edinburgh die frisch sanierten Räume der National Gallery besuche, trifft mich der impressionistische Pinselstrich des Malers William MacTaggart bis ins Mark: in der Ferne ein kaum sichtbares Schiff, das Leid der Menschen am Meeresufer, ein Abschied ihrer Liebsten auf immer.

Eindeutig die Skizze eines Komponisten sei es, sagt Alex zum Loch Tay, vorne der Fokus auf die primären Instrumente, im Hintergrund der Klangkörper des Orchesters als Grundtonalität. Die Zeichnungen gemahnten an

Notationen. Dieses Land, grausam ist es und prächtig. Der Wehmut begegne ich im unscheinbaren Kenmore: Der Bäcker ist zu, das Postamt, das auch als *General Merchants* dient, ebenso, ein charmantes Hotel ausgestorben. Ich entscheide, den Loch Tay auf der Südseite zu befahren, eben da, wo meine wandernden Gesellen dem Ufer folgten. Die Strasse ist schmal, *Passing Places* erlauben den Autos, aneinander vorbeizukommen. Das Laub der Bäume schwingt sich obenauf zu einem langgezogenen Dach, immer wieder lugt die glatte Fläche des Wassers hervor. Es ist eine melodiöse Landschaft, voller Einfälle und changierendem Licht. Ist der Loch indes nicht eher hellglänzig als dunkel, wie ich befand, als ich dem Cellokonzert des Komponisten eine Klanggestalt zu geben ersuchte?

Längst schon fallen Tropfen auf die Windschutzscheibe, erst milde, zeitweise in pochendem Rhythmus, dann verziehen sich unversehens die Wolken von Neuem, und bereits klopft es wieder auf die Scheibe. Lustig wird er nicht gewesen sein, dieser Regen, der überall hineinsickert; ein Wunder, dass die zwei Skizzenhefte schadlos davonkamen. Wie viel Verdruss nur muss er auch den Fotografen gebracht haben mit ihrem ohnehin schon mühevollen Metier.

Ein grünbraunes Fell belegt rundum Berge und Hügel. Ich mache einen Abstecher zum Inveroran Hotel, durchquere endlose, flauschige Grasflächen. Silbriges Gewässer schimmert hie und da auf. Es gibt eine Skizze der Raststätte: Felix und Carl nutzen das sich über Hunderte von Kilometern erstreckende (noch heute erhaltene) Netz der Old Military Road, welches ein General Wade für die englische Armee hatte bauen lassen. Von *Landstraßen verödet*, schreibt Felix auch, und doch *über alles das der Glanz der reichen Sonne gebreitet*. Heuer durchkreuzt der Western Highland Way den Landstrich, etliche Wanderer ziehen vorbei.

Zurück zum breiten Asphalt der Hauptstrasse. Die Wagen folgen sich unregelmäßig, die Kurven fliessen dem Horizont zu, winden sich höher allmählich. Ich nähere mich Glen Coe, dieser einst ebenso von Clankämpfen heimgesuchten Talenge. Der Nebel verdichtet sich zunehmend, umhüllt die Spitzen der Berge mit einem grauen Schleier. Es ist Ferienzeit, und die für Touristen geschaffenen Parkplätze sind übervoll. Ich verzichte auf einen Halt.

Den Tag lasse ich am Loch Leven mit einer köstlichen Cullen Skink ausklingen, einer aus Lauch, Kartoffeln und Fisch zubereiteten warmen Suppe. Der grelle Rausch des Fahrens, der laufende Wechsel der Ausblicke beschlagnahmen noch meinen Kopf.

Siebter Tag

Meine erste Tasse Kaffee lenkt meinen Blick auf die Bucht. Das Wasser hat sich in den frühen Morgenstunden zurückgezogen, ein krauses Uferband erstreckt sich vor mir, schlammig und voller Steine, wir sind am Meer. Die freundliche Kellnerin spricht von einem *Sea Loch*, der niedrigste Wasserstand soll spät erst am Morgen erreicht werden. In der Nacht fiel hörbar der Regen. Vielleicht ist deshalb das Gras nun eine Spur höher, grüner. Und das Wasser ist hier in der Tat dunkelglänzig, beseelt und voller Zauber.

Meine Route bringt mich heute nach Fort William. Der nördlichste Punkt für Felix und Carl, auch ich werde nicht weiter hoch stechen. Eine schmale Wasserpassage trennt den Loch Leven von der eigentlichen Meeresbucht, an der die Ortschaft liegt: Erst seit wenigen Jahrzehnten erlaubt eine Stahlbrücke eine direkte Überquerung. Die Strasse läuft nahe dem Wasser entlang, an und ab lege ich einen Stopp ein. Sand und Grüngewächs fangen Sonnenstrahlen auf, hinter der weiten Wasserfläche erheben sich wellenartig gelbgrüngraue Buckel. Sind es einfache Anhöhen oder bereits Berge? Den Kern von Fort William bildet, wie schon zur Zeit von Felix, die High Street.

Die zwei Männer werden sich beeilt haben, die Zwischenstation Fort William zu erreichen, denn nur einmal die Woche trat das Dampfboot Maid of Morven seine Pendelstrecke an. Ihr vorläufiges Ziel war die Hafenstadt Oban, Ausgangspunkt für Exkursionen auf die Hebriden. Neugierde führt mich zum unweit gelegenen Caledonian Canal: Sein Bau, Teil eines entstehenden Netzwerks von Kanälen, ermöglichte das Verschiffen von Gütern aus Glasgow hoch in den Norden. Ich sitze auf einer Terrasse, direkt am Kanal, schräg gegenüber sind einsam zwei Schiffe verankert. Das Areal dient dieser Tage der Musse, Enten tummeln sich auf dem Wasser, darüber wirbelt Möwengekreisch.

Bevor ich zu meiner Gaststätte zurückkehre, möchte ich noch den Loch Leven umfahren. Die kurvenreiche Strasse ist leer, die Touris halten sich an die Transitachsen. Rundum Berghänge, in militärischen Tarnfarben ausgekleidet und frei von jeglichen Behausungen. Am Ende des Sees, in einem schläfrigen Weiler, steige ich kurz aus dem Auto. Ausser einer Reihe von Weitwanderern, ihre Rucksäcke schwer mit Lebensmitteln eingedeckt, ist keine Menschenseele in Sicht. Ich geniesse die hochsommerliche Einsamkeit, folge unbekümmert den Windungen meines Weges. Vor einer Biegung bemerke ich ein Warnschild, passiere eine Baustelle. Am Abend wird eine Wirtin von einem Steinschlag oder sogar Felssturz berichten – ich bin unsicher, was genau sie meint, während Wochen sei der Strassenabschnitt gesperrt gewesen. Der Riss müsse äusserst fein gewesen sein, sagt der Mechaniker beim Auswechseln des Rads.

Trotz Missgeschick bleibt mir in Ballachulish ein wenig Zeit. Ich stehe an der Betonrampe, sie läuft ins glitzernde Wasser hinein, eben da, wo meine Vorgänger die Fähre bestiegen, welche sie auf die gegenüberliegende Seite brachte. Mein Blick, ja, der Blick von Felix und Carl, sticht in den Horizont, das Gewässer spiegelt beharrlich den Atem der jungen Männer wider. Und in der Ferne lässt ein verschatteter Landstreifen bereits die Hebriden erahnen. Unmittelbar daneben thront die Brücke aus Stahl, nicht einmal fünfzig Jahre alt, sie ähnelt einem tunnelartigen Spinnengewebe. Von der geschichtsbewussten Wirtin, einer Schottin aus Glasgow, stellt sich heraus, vernehme ich, dass zur Zeit der jungen Besucher aus Deutschland noch ein Holzbau als Herberge für Reisende und Kutscher diente. Der heutige Bau aus Backstein auf G. W. Wilsons Fotografie entstand eine Handvoll Jahre später. Mitten im Bild fällt mein Auge auf den Unterstand für Pferde, auf die grossen Räder einiger Kutschen, und offenbart, wie die Reisenden ihr Fuhrwerk auf dem Südufer jeweils zurücklassen mussten. Die Bauten zwischen Herberge und Unterstand sind längst abgerissen.

Der raue Norden bezaubert, seine unwirtliche Ausstrahlung schlägt Betrachter in Bann. Schottland kennt aber auch liebliche Stunden: Der Himmel ist unterdessen fast wolkenfrei, und ich beschliesse, in der warmen Abendhelle den Glen Coe nochmals hochzufahren. Kein Dauerverkehr mehr wie tags zuvor, die Hänge leuchten kräftig, wie goldener Honig zieht das Licht sanft über die Ödnis des Hochtals. So viel Sonne wie an jenem Abend wird mir mein Sommerausflug nicht mehr bescheren.

Achter Tag

Es stürmt. Das Meer vor meinem Fenster schlägt kräftig Wellen, die Umrisse der Berge nur knapp sichtbar, der Himmel trieft vor Regen. Ich fahre wiederum der Küste entlang, gen Süden diesmal, parallel zum Loch Linnhe, der sich aber nicht erblicken lässt. In Oban suche ich zunächst das Dunollie Castle auf, die Turmruine ragt eine kurze Spaziermeile entfernt aus einer bewaldeten Anhöhe heraus.

Die Zeichnung mit ihrem ausgedünnten Laub und der anklingenden Landschaft sieht unfertig aus, fraglos stand Felix unter Zeitdruck. Ohne Zweifel war er von der Landschaft fasziniert – dass er seine Skizze auf der linken Seite oben in zierlichen Buchstaben mit *Ein Blick auf die Hebriden, Oban 7 Aug Mull und Morven* betitelte, wird nicht ohne Grund geschehen sein.
Nur drei Jahre vor Felix' Reise besuchte übrigens Karl Friedrich Schinkel den Ort, und auch er fertigte eine Zeichnung mit den Überresten der Burg an – welche mir jetzt noch genauso in Erscheinung tritt wie ehemals. Der Clan MacDougall at Dunollie, eine mächtige Dynastie im Hochland, hatte die Festung bereits im Mittelalter errichtet; eine Blutfehde trieb sie indes wenig später in die Verödung. Als Felix und Carl eintrafen, bewohnte die Familie MacDougall ein Haus unmittelbar nebenan. Erbaut hatte es Alexander MacDougall, der 23. Laird, ein traditionsbewusster Renegat muss vermerkt werden: Gewalt und tradierter Machtgier kehrte er radikal den Rücken zu, betrachtete fortan soziale und landwirtschaftlich fortschrittliche Anliegen als seine persönlichen Verpflichtungen.

Oban ist nass. Die Feuchtigkeit nistet sich ein in die Fasern der Kleidung, jede Pore der Haut wird vom Wasser heimgesucht. Die Touristen wissen nicht, wohin mit sich, mich selbst zwingt meine Buchung auf der Fähre zu einer längeren Wartezeit, die ich mit wärmendem Tee und einem Spaziergang längs des Meeresufers überbrücke.

Auf der Fotografie sticht der Güterbahnhof ins Auge, heute liegt hier das Fährterminal, ganz links ist gerade noch Dunollie sichtbar. Datieren lässt sich das Bild bloss ungenau – einen Anhaltspunkt wenigstens liefert uns der Umstand, dass der Bahnhof von Oban erst Mitte 1880 eröffnet wurde, für britische Verhältnisse übrigens eher spät. Die Initialen *JV* unten rechts: ein schlichter Verweis auf die Firma, das Bild wird von einem Sohn des Firmengründers oder einem Mitarbeiter gemacht worden sein, Valentine selbst lebte zu dem Zeitpunkt nicht mehr. Der eigentliche Fotograf bleibt also anonym. Mag sein, ein detektivisches Aufspüren der Zahl vor den Initialen verhülfe zu einer präzisen Datierung, einer namentlichen Autorschaft. Ob aber ein Archiv besteht, welches es hierfür bräuchte, ist mir im elektronischen Netz zumindest im ersten Moment nicht ersichtlich.

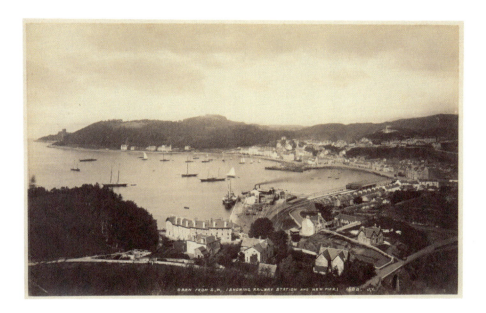

Die stattliche Schachtel der Fotosammlung, in der ich das Bild entdecke, enthält knapp siebzig Einzelaufnahmen von Schottland, allesamt um die zwanzig mal dreissig Zentimeter gross und mit Schutzpapier belegt; Autoren sind ausschliesslich George Washington Wilson und James Valentine. Die Bilder sind offensichtlich als Souvenirs für Touristen gedacht: Noch war es nicht möglich, selbst zu fotografieren, zu gross der technische Aufwand, zu hoch die Kosten. Fotoateliers boten indes den Reisenden die Möglichkeit, mit greifbaren Erinnerungen ihre Tour im Nachhinein noch etliche weitere Male zu erleben. Dass sie wussten, welche Ansichten speziell die Besucher bewegten, war selbstverständliche Voraussetzung.

Tatsächlich erscheinen etliche Aufnahmen in kleinerem Format im roten Album. Ich frage mich: Haben die Fotografen, wie es in jenen frühen Tagen der Fotografie oft geschah, auch fertige Alben verkauft? Oder hatte nicht eher ein Schottland-Besucher seine Reise mit den gekauften Bildern zu einem persönlichen, lebenslänglichen Andenken gefestigt? Zu wie vielen Alben verhalf wohl die Schachtel im Laufe der Jahre, und wie viele hiervon sind noch existent? Von den alten Negativen wurden über etliche Jahrzehnte hin immer wieder Abzüge gemacht, sagt Peter Herzog im Gespräch. So viele Fragen harren einer Antwort.

Meine Autofähre zur Isle of Mull: ein Stahlkoloss, der einige Male am Tag Mensch und Fracht zwischen Mull und Mutterinsel austauscht. Seine Erscheinung hat etwas Übermächtiges, fast Brutales. Oder ich bin mittlerweile allzu sehr in der Vorstellung antiquierter Dampfboote verfangen? Der Regen, wundersam, versiegt, und ich stehe auf dem Deck. Das Schiff schwankt, trotz seiner Grösse. Der Atlantik bezeugt seine Macht.

Neunter Tag

Ein Raddampfer aus Holz gebaut – der *Ben Lomond*, wie man weiss –, bringt Felix und Carl nach Tobermory, Mulls Hauptort. War es ein Omen? Bereits auf der Dunollie-Zeichnung hatte Felix die Namen zweier Hebrideninseln vermerkt: Wird nicht die Fahrt durch die beschauliche, friedvolle Inselschar die gefeierte Ouvertüre gezeitigt haben? Als ich in den Briefen des Komponisten nachlese, sehe ich, dass er die wesentlichen paar motivischen Takte unmittelbar nach seiner Ankunft in Tobermory niederschreibt. Etwas unklar bleibt indes die Geschichte des Titels: Der Komponist selbst war sich offenbar unschlüssig, möglicherweise auf Bitte eines geschäftstüchtigen Verlegers wählte er zwischendurch *Die Fingalshöhle*, bevor er sich dann für *Die Hebriden* entschied.

Vorrangige Destination der zwei jungen Männer bleibt freilich das Inselchen Staffa mit seiner auratischen Höhle. Dass Felix dann auf dem Weg hierzu einem harten Wellengang begegnet, seekrank wird (nicht zum ersten Mal), und sein Reiseziel nicht nach Wunsch erleben durfte, muss für ihn eine herbe Enttäuschung gewesen sein: *Das (Atlantische) reckt seine tausend Fühlfäden immer ungeschlachter und quirlte immer mehr*, veranschaulicht Klingemann in seinem Brief, und fügt mit einer Prise Ironie hinzu, sein Freund vertrage sich *mit dem Meere besser als Künstler denn als Mensch, oder als Magen …* Die Höhle, schon von Walter Scott und John Keats besungen, verweigert sich ihm, das Vergnügen, das er seit Wochen erwartet haben wird, blieb aus – stattdessen gebar Felix ein Wunder.

Längst war das winzige Staffa eine umschwärmte Attraktion. Die englische Schriftstellerin Madeleine Bunting schreibt, wie bereits gegen Ende des 18. Jahrhunderts die Höhle rege aufgesucht wurde. Dem namhaften Naturforscher

Joseph Banks fiel es ein, *An Uamh Bhinn*, die melodiöse Höhle, Fingal zu taufen – auf den Namen des royalen Vaters von Ossian, der weithin als gälischer Ur-Poet gefeiert wurde, sich dann aber als dreister Schwindel entpuppte. Schuf die Suche nach Wildnis und Mysterium einen kräftigen Kontrapunkt zur generellen Industrialisierung und Stadtwerdung Britanniens, so verlieh die prominente Höhle im Atlantik auf einmal dem Reisen eine neue Bedeutung: Eine von intensiven Emotionen gestärkte Neugier wollte befriedigt werden. Bloss zwei Jahre nach der Reise des Komponisten malte William Turner sein Ölgemälde der Insel.

Dieser neunte Tag führt mich nach Staffa. Die Schar der Besucher war seit jenen arglosen Tagen von Felix und Carl indes stark angeschwollen. Ich nehme das Angebot einer Drei-Insel-Tour wahr. Ein roter Doppeldecker – beängstigend, wie die Höhe des Gefährts die Asphaltbreite um Etliches übersteigt! – präsentiert in weiten Windungen die überraschend geräumige und doch stets leere Insel. Ich stecke in einem polyglotten Rudel: Viel britisches Englisch, auch deutsche, französische Sprachfetzen brechen durch, und ich glaube mich an Holländisch und Spanisch zu erinnern. Bestechend Mulls grüner Flaum – sogar das Wasser kleiner Lochs, spärlich verstreut, ist von einem grünlichen Schimmer belegt, die Hochmoore, naher Farn und wild verlorene Büsche verschmelzen zu einem Teppich aus bläulichen, gar violetten Tönen. Die Ödnis strahlt eine majestätische Ruhe aus.

Dann, in Fionnphort, unser Schiff: ein nüchternes Motorboot, mit solidem Lautsprecher ausgestattet. Der Kapitän gibt sich jovial, währenddem fette Seelöwen auf Felsen hocken, Delphine, ungewöhnlich oft, wie es aus dem Lautsprecher dröhnt, aus dem Meer springen. Wir blicken auf Staffa, die Höhle erscheint wie eine Vulva. Es folgen ein, zwei gefühlsselige Minuten, die ersten Takte der Ouvertüre erklingen. Heute heftet der fahle Geschmack des Massentourismus dem Namen an. Liegt indes in diesem einfachen Satz nicht eine Prise Hochmut? Letztlich ist es ja nicht die Geologie, welche Ruhm und Reisetourismus erstrebte.
Wir Touris aber, wir sind noch immer dankbar für das Glücksempfinden, welches die Orgelpfeifen uns beschert, diese wunderbar verklebten, hexagonalen Stäbe aus Lava. Die zarten Farben sind eine Augenweide, das Blassrosa betört. Und das Grollen im Innern des Gesteins, das dumpfe Aufschlagen der Wellen beschwört in der Tat den erfundenen Ossian.

Eine Fähre bringt uns, diese namenlose Gruppe touristischer Ameisen, zum Abschluss nach Iona, zu Columbas Abtei. Religiöse Hingabe und mystische Visionen wehen noch immer von den Ruinen einer weiteren Hebride herbei. Die abschliessende Busfahrt verläuft wiederum im Regen. Diesem feinen, unablässigen Sprühregen, der dem schottischen Land seine süssliche Patina verleiht.

Zehnter Tag

Erst mein zweiter Tag auf Mull gibt mir Gelegenheit, Tobermory zu erkunden. Heuer nimmt das Fährschiff Kurs auf das näher gelegene Craignure. Das Städtchen lädt zum Flanieren ein – pastellbunte, malerische Fassaden drängen sich an die Bucht unterhalb eines obligaten Saums aus Bäumen, gelangweilt harren ein paar Läden der Touristen.

Ein geschichtsbewusstes Museum weist der Ort auf: Fotografien von Valentine und Wilson fallen ins Auge, die Häuserfront mit dem Kirchturm stellt sich im Jahrhundert von Felix überraschend ganz in Weiss dar. Wer gab den Anstoss zu den Farben, frage ich mich, weshalb gab man diese bestechende Schlichtheit auf? Eine markante Zeichnung von Turner spricht von der Landschaft, in welche die Häuser sich einnisteten, auch von der stolzen Mole, die Fotos dafür dokumentieren den urbanen Aufbruch: Eine Brennerei und ein Zollhaus halten im Laufe der Dekaden Einzug, Stellmacher und Böttcher siedeln sich an, Kaufmänner eröffnen Hotels für zahlkräftige Touristen. Überraschend, dass die Fischerei kaum etwas hergab – das Meer mochte sich seinen Anwohnern nicht so recht aufschliessen. Die Schiffe halten ihre Dienste dem offenbar lukrativeren Handel vor.

In einem blassgrünen, leicht zurückgesetzten Haus, einer Mrs. Cuthbertson gehörend, habe Felix genächtigt, entnehme ich einer Tafel. Geradewegs von der Mole aus gelangte er in seine Unterkunft, und eben hierin hielt er noch gleichentags seinen musikalischen Einfall in seinem Familienbrief fest. Vom grünen Haus hatte mir bereits der Autor der Website zu Mendelssohns Reise berichtet. Ich werde es pflichtbewusst aufsuchen, die bescheidene, klassizistische

Fassade staunend betrachten, auch wenn sie letztlich keinerlei Merkmal für den Besuch einer künftigen Berühmtheit aufweist.

Der Hebriden-Einfall des Komponisten also vor oder auf Mull entstanden, und doch die Musik von Mythos und Mysterium durchtränkt. Wir suchen wissbegierig, fieberhaft nach Indizien, überzeugt von unserer Findigkeit. Das Geheimnis der musikalischen Genese ein winziges Stück weit glücklich gelüftet. In Wahrheit wissen wir wenig von Felix' Reise. Trotz Briefen, Zeichnungen, etlicher Lektüren. Kein gebasteltes Fotoalbum, keine Postkarten von Zeitzeugen warten auf uns, und noch weniger Super 8-Filme oder gar Instagram-Schnappschüsse.

Vermutlich wurde die Aufnahme einer Albumseite entnommen, von der Firma James Valentine gemacht; die Fotografie scheint aus Platzgründen abgeschnitten worden zu sein, was eine Beschriftung verunmöglichte. Die Fotografien von Valentine und Wilson möchten den Betrachter verführen: Mit den oftmals pastellartigen Tönungen, ihrem malerischen Gestus sollen die scheinbar gezähmte Wildheit des Landes und seine betörende Einsamkeit verlocken. Im Hinterkopf schwingt stets der Kommerz mit.

In Tobermory durchbricht ein reizvoller Spaziergang mein Autofahren. Keine klassische Wanderung, trotz feuchter Erde unter den Sohlen, das Wort wäre vermessen, die Übung zu kurz, die körperliche Beanspruchung zu gering. Aber – ich spüre das schottische Land mit eigenen Füssen, seine widerborstige Festigkeit dringt in meine Sohlen. Ich folge dem Waldpfad zum Leuchtturm auf eine Landzunge hinaus, passiere ein paar Ausflügler – Schotten? Engländer? – und erblicke schliesslich des Fremden Stelle, *Rubha nan Gall*, mit dem attraktiven, weissen Turm. Vorfahren von Robert Louis Stevenson erstellten ihn; in der Tat bauten ein Robert Stevenson, der Grossvater des Schriftstellers, und seine Nachfahren die Mehrheit der zweihundert Leuchttürme an der sturmgeplagten, schottischen Küste.

Eine abschliessende Spritzfahrt ins Innere der Insel verlockt mich dann doch: Ich folge für eine gute halbe Stunde dem holprigen, mäandernden Asphalt, diese verführerische Matte von gestern zu erkunden, breche dann abrupt ab und mache kehrt. Die Tour ist mir zu riskant, ohne zweites Reserverad sässe ich möglicherweise fest. Auf das Dorf Calgary mit seinem angepriesenen herrlichen Sandstrand, stolzer Namensgeber der kanadischen Metropole, muss ich verzichten.

Gegen Abend verweile ich, faul geworden, auf der Terrasse meines Hotels. Noch ist es leuchtend hell, es zeigen sich ein paar blaue Flecken am Himmel. Der Ausblick auf Meer und Mutterinsel, um Felix' Wendung zu borgen, ist ein Schmaus. Um mich herum plätschert ein reger Menschenbetrieb: Die kontinentalen Sprachen erinnern an die Jahre meiner Kindheit und Adoleszenz, als Ferienexpeditionen Europa als rein westliches Spielfeld präsentierten.

Elfter Tag

Die Fähre bringt mich aufs britische Mainland zurück. Kurioserweise sichte ich auf Deck wieder den gleichen einsamen Schotten mit militärischem Kilt und Seesack in Tarnfarben, der mir bereits auf der Hinfahrt aufgefallen war. Begab er sich auf das friedliche Mull allein zwecks Arbeit? Oder holte er an jenen Wochentagen einen aufgeschobenen Familienbesuch nach? Mein Ziel ist es heute, via Inveraray, den illustren Loch Lomond zu erreichen.

Ungleich garstiger als meine reibungslose Passage gestaltet sich indes die Rückkehr der zwei Gesellen von ihrem Meeresabenteuer: *... und wir uns in die Kajüte (begaben), Betten gabs nicht, und Heringe wohnen in Römischen Sälen gegen uns,* wird Carl am nächsten Tag in Glasgow festhalten. Immerhin – trotz deftigem Sturmregen schafften es die Männer, um neun Uhr früh im Inveraray Inn gebratene Heringe zu ihrem Kaffee zu speisen.

Morgen werde ich die letzte Strecke meiner Reise ablegen. Indes, was mache ich da eigentlich? Weshalb reise ich so viele Jahrzehnte, nein, Jahrhunderte später, diesen Burschen nach? Und wozu dieser versponnene Eifer, Felix' schottische Impressionen einzufangen – dank welchen ich sein verlorenes, in meiner Erzählung zum Leben erwecktes Cellokonzert ein wenig hörbar machen möchte? Ein Werk, welches es – zumindest in Teilen – auf dem Papier tatsächlich gab, dann infolge Achtlosigkeit oder einfach Pech verschwand, somit nie in den Schall der Welt fand. Und nie eine Möglichkeit erhielt, den musikalischen Flügelschlag eines Falters zu beeinflussen. Wie anders denn könnte uns das Gelände der Musik daherkommen?

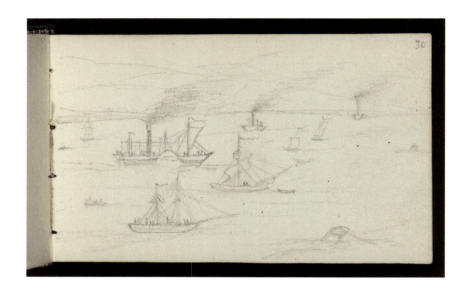

Ein kurzer Halt in Taynuilt, durch eine Zeichnung von Felix bedingt, ein paar Behausungen, wirre Wolkengebilde und Gestalten mit Regenschirm hingelegt. Auch diese Skizze bleibt unfertig. Heute ziehen sich stramm Schienen durch die Häuser. Grau ist es noch immer. Kurz darauf begleitet das Wasser des River Awe die Strasse, ich folge wiederum einem Durchlauf, dem Pass of Brander. Ein gewichtiges Kraftwerk, das Cruachan Reservoir, stolzes Erzeugnis des letzten Jahrhunderts, ist hier tief unter der Erde eingekerkert, ein unsichtbares Getriebe unseres mentalen Zeitmessers.

Die Hügel – oder sind es doch Berge? – umzingeln derweil fett die riesigen Lochs, die wie massgeschneidert inmitten der pelzigen Landschaft liegen. In Inveraray, im ehrwürdigen Inn, gedenke ich sentimental meiner Vorgänger und nehme eine Fischsuppe ein. Hier aber, beim Pier, welcher gegenüber vom Inn auf die Überquerung des Sees weist, verzweigen sich unsere Routen: Felix und Carl werden nun einen Besuch nach Glasgow einschieben, den blühenden Handel, die Baumwollspinnereien zu erkunden. Nicht alles Entdeckte von gesundem Fortschritt aber, gemäss Carls trockenem Kommentar, denn *hunderte von kleinen Mädchen quälen sich da früh und sehen gelb aus*, wie er noch aus der quirligen Stadt schreibt.

Dieses Bild von permanenter Bewegung auf dem River Clyde hält Felix in Hensels zierlichem Heft fest. Rege Geschäftigkeit spricht aus der Skizze, Felix weiss, es ist eine Zeit des Umbruchs, die reine Agrarwirtschaft von ehemals hat längst ausgedient.

Ich selbst ziehe es vor, mich auf meinen Roadtrip zu konzentrieren, und begebe mich hoch in die Windungen des Glen Klinglas. Die Fahrt entpuppt sich, gänzlich unerwartet, beinahe als alpin, die Schlaufen ziehen sich rastlos in den weitgestreckten, kühl durchwehten Glen Croe. Schlussendlich erreiche ich den begehrten Loch: Die Luft ist spürbar milder, Sonnenstrahlen landen auf dem Erdboden, ein Feriengefühl stellt sich ein. Wieder treffe ich auf die Old Military Road, die hier mittlerweile als Radweg dient; vom kleinen Pier aus werden Rundfahrten auf dem See geboten. Ich folge ein Stück der Uferstrasse, südwärts: Die Strasse ist hier breiter, komfortabler, das Urbane spürbar. Kleine Sandstrände empfangen Familien. In der Ferne ragt die Spitze des Ben Lomond hoch: Mein erster Ben, der nicht im Nebel steckt.

Der offensichtliche Wetterwechsel hier am Loch Lomond wird in wenigen Stunden das Ruderboot der zwei Freunde beinahe kentern lassen. Die Zeichnungen indes sind für Felix eine Herzensangelegenheit. Nur ein Jahr vor seinem Tod fertigt er für Carl etliche Kopien an. Als ich im nüchtern

gehaltenen Raum der Weston Library sitze, vor mir eines der zwei Büchlein aufgeschlagen, spüre ich die Unmittelbarkeit der zeichnenden Hand: Die Skizzen sind ausschliesslich für ihn selbst, für seine Vertrauten bestimmt – sie gewähren mir Eintritt in das private Universum des Künstlers.

Ich steuere für eine letzte Nacht nochmals die Highlands an, das Hochplateau von Crianlarich. Auf der Windschutzscheibe tröpfelt es, und ich spüre, irgendwo hier mutiert die milde Seenregion zum rauen, vereinsamten Hochland. Oban ist bereits weit weg. Mein Tag bescherte mir doch deutlich mehr Abwechslung als erwartet.

Zwölfter Tag

Weshalb eigentlich drängt es mich, mit eigenen Augen zu sehen, was diese längst verstorbenen Augen erblickten? Ausschau zu halten, wie diese Seen, wildgewachsenen Berge ein Cello zum Singen bringen, eine existenzielle Wiedergeburt einzufädeln? Denn wäre das Konzert nicht verschwunden, beteuerte damals mein Held, so hätte die cellistische Landschaft ihre Entfaltung anders erlebt: ein sanftes Zittern im All unserer Künste. Wird es mein Gilles Bastien nicht wissen? Dieser Cello-Verehrer, der sich an dieser Stelle so ungeniert, ja brüsk, in die Erzählung einschleicht.

Der letzte Tag ist angebrochen, noch am gleichen Abend werde ich wieder das Flugzeug besteigen. Im Moment, zu Beginn dieses sonnigen Tages, unternehme ich noch eine kurze Erkundung von Killin am westlichen Ende des Loch Tay, nachdem ich das Dorf auf der Hinfahrt unbeschaut hinter mir liess – der Name ist auf Felix' Zeichnung vermerkt. Das breite, über die Felsen hinwegbrausende Wasserbett im klingenden Dorfteil Falls of Dorchart wird ihn begeistert haben, rede ich mir ein. Ein Fleck voller Anmut auf dem Weg in die zähe Wildnis von Glencoe.

Während der Fahrt fällt mir einmal mehr zerfallenes Mauerwerk inmitten von Grasland auf, ein erbärmliches Mahnmal an die Highland Clearances, dieses Grauen, welches in den Köpfen Kontinentaleuropas bestenfalls noch in verblassten Farben präsent ist. Die enge Strasse windet sich nun zu den Trossachs, Schottland erstem Nationalpark, in welchem Felix und Carl die letzten Nächte ihres Streifzugs verbrachten.

Die Landestelle am Loch Katrine, von meinen Vorgängern vermutlich unbeschaut, sieht in etwa noch so aus, wie sie auf der Fotografie erscheint. Noch immer führen Touristenboote die Reize des Sees vor. Am östlichen Ende wendet sich der Strassenasphalt von diesem ab; das Wasser ist vor dem Blick der Automobilisten geschützt. Das Bild entstammt einem Album, in seinem romantisierenden, leicht manierierten Gestus ähnelt es ein wenig anderen Bildern aus der damaligen Zeit. Ob der Autor *JV* oder *GWW* ist, bleibt unklar.

Ein Etikett im Album markiert, dass es in der Maison Giroux erworben wurde, einem eleganten Geschäft für Luxuswaren des späten 19. Jahrhunderts auf der Pariser Rive Droite. Der Einband besteht aus einem mittlerweile ziemlich abgewetzten, beigen Stoff, die Ecken sind mit braunem Leder geschützt. Vorne, schräg, ist der Titel *Écosse 1876* eingestanzt, die Buchstaben indes kaum noch erkennbar. Das Album einst ein kostbares Reisesouvenir – welcher Franzose, welche Französin mag es arrangiert haben?

Noch als Kind hatte Felix ein Fragment des von Walter Scott am Loch Katrine spielenden Gedichts *The Lady of the Lake* vertont; fraglos wird dieses die Neugier des Jugendlichen für den damals wie heute von Urlaubern begehrten See bestärkt haben. Für die zwei Männer kündigt sich aber das Ende der Reise an: Sie werden nun, über Stirling und Glasgow, den Weg zurück einschlagen, und aus Liverpool ihren letzten Doppelbrief an die Familie Mendelssohn in Berlin senden. Carl nimmt Abschied auf einer Kutsche, die ihn, den pflichtgetreuen Diplomaten, nach London zurückbringt. Felix dagegen will Freiheit und Abenteuer etwas stärker ausreizen und verweilt noch in Wales. In Liverpool begibt er sich in einem Tunnel auf seine erste Eisenbahnfahrt: *der Wagen läuft von selbst, und treibt sich nach und nach zur tollsten Schnelligkeit … das Tageslicht verschwand, der Zug blies die Lichter aus, und nun war dickste Finsternis.* Felix steht wie im Taumel. Das Dunkel eröffnet ihm den Wandel in eine neue Zeit.

Zweihundert Jahre sind eine lange Strecke. Politische Umwälzungen stopfen unsere Bücherregale voll, Bauliches formt – scheinbar unaufhaltsam – die Topografien um. Ein zäher Rückstand bleibt. In Aberfoyle fällt mir die Steinbrücke über den River Forth auf, die meine Gesellen erblickt haben werden: Carl erwähnt in einem Brief einen Schafmarkt im Ort. Im Tourist Office rät man mir zu einem Spaziergang den Hügel hinauf, durch die Wälder, diese wundersamen schottischen Wälder, die *Birks of Aberfoyle* nenne ich sie für mich, sie besitzen einen eigenwilligen, beinahe erotischen Reiz. Meine Promenade führt mich unversehens zu einem Wasserfall – Felix hätte seine helle Freude gehabt. Mir dafür gelingt es, endlich, einen Blick auf den gesamten Ben Lomond einzufangen.

Meine Zeit in Schottland läuft schlagartig aus; ich spüre, die Tour hat an meinen Kräften gezehrt. Der Lärm des Industriezeitalters lässt sich nicht mehr ausblenden, jetzt, da ich in wenigen Stunden im Terminal einchecken muss. Meine letzte Fahrt verläuft wie automatisiert. Um einiges verfrüht, gelingt es mir in einem asiatischen Imbiss des Airports einen Fenstertisch zu ergattern, und ich tippe gedankenverloren in mein Notebook. Die muntere Geschäftigkeit meiner Mitreisenden stört mich, zu meiner Überraschung, nicht.

Danksagung

Dieses Buch wäre ohne die Hilfe etlicher Personen nicht entstanden. Mein Dank geht an:

Stephen Carpenter, der mich mit seiner höchst informativen Website *Mendelssohn in Scotland* (https://www.mendelssohninscotland.com) auf die Zeichnungen von Felix Mendelssohn Bartholdy aufmerksam machte und mir zahlreiche Tipps zu Mendelssohns Reise gab;

Martin Holmes, Alfred Brendel Curator of Music, und Sally Chestnutt, Principal Library Assistant (Music Section), Bodleian Libraries / University of Oxford, die es mir grosszügig ermöglichten, das zeichnerische Werk von Felix Mendelssohn Bartholdy in situ zu betrachten;

den Bodleian Libraries / University of Oxford für ihre freundliche Genehmigung, die Zeichnungen von Felix Mendelssohn Bartholdy zu reproduzieren;

Cécile Hummel und Alex Silber für die spannenden Gespräche zu den abgebildeten Zeichnungen;

Ruth und Peter Herzog für den stets anregenden fachlichen Austausch zu Fotografien;

Pierre de Meuron und Jacques Herzog für ihre liebenswürdige Erlaubnis, Fotografien aus der «Fotosammlung Ruth und Peter Herzog im Jacques Herzog und Pierre de Meuron Kabinett, Basel» zu reproduzieren;

Esther Zumsteg, Gian Luca Hofmann, Michalis Valaouris und Balthazar Wyss für ihre wertvolle Unterstützung beim Recherchieren und Sichten der Fotografien.

Bildnachweis

Die Fotografien stammen allesamt aus der «Fotosammlung Ruth und Peter Herzog im Jacques Herzog und Pierre de Meuron Kabinett, Basel».
Fotografen: James Valentine, George Washington Wilson

© als Sammlung by Jacques Herzog und Pierre de Meuron Kabinett, Basel. All rights reserved

https://www.kabinett.org. A0111, A1098, A1276, L0440

Die abgebildeten Zeichnungen von Felix Mendelssohn Bartholdy stammen aus The Bodleian Libraries / University of Oxford.

© The Bodleian Libraries / University of Oxford; Creative Commons license CC-BY-NC 4.0

MS. M. Deneke Mendelssohn g. 1, fols. 21r, 30r
MS. M. Deneke Mendelssohn d. 2, fols. 15r, 19r, 22r, 24r, 28r, 32r

Quellen

Bunting, Madeleine. *Love of Country. A Hebridean Journey*. London, 2016.

Carpenter, Stephen. *Mendelssohn in Scotland*. https://www.mendelssohninscotland.com.

Fiske, Roger. *Scotland in Music*. Cambridge, 1983.

Hensel, Sebastian. *Die Familie Mendelssohn*. Freiburg, 1959.

Mendelssohn Bartholdy, Felix. *Sämtliche Briefe*. Band 1. Kassel, 2008.

Stevenson, Robert Louis. *Edinburgh*. London, 2021.

Todd, R. Larry. *Felix Mendelssohn Bartholdy. Sein Leben – seine Musik*. Stuttgart, 2008.

Irène Speiser, in Zürich geboren und in Brüssel aufgewachsen. Nach ihrem Studium in Zürich wohnte sie zwanzig Jahre in New York, wo sie als freie Journalistin arbeitete, u. a. für das Feuilleton der *Neuen Zürcher Zeitung*. Sie veröffentlichte Gedichtbände sowie Prosa, u. a. *Hausauflösung* (2010), *New York. 26 Proben* (2012) und *Meerespassagen* (2015). Zuletzt erschien ihr Roman *Stimmung für Violoncello solo* (2023). Irène Speiser lebt in Basel.

www.irenespeiser.ch
Instagram: @irenespeiser

Von Edinburgh ausgehend bereist Irène Speiser zwölf Tage lang die schottische Landschaft: Eine geschichtsträchtige Stadt und magische Wälder ziehen die Menschen schon seit Jahrhunderten in Bann. Ihr Roman *Stimmung für Violoncello solo* (2023), der ein tatsächlich verschwundenes Cellokonzert aufführen liess und nach bildlicher Inspiration verlangte, hatte das Augenmerk der Autorin auf diese unerhört reizvolle Gegend gelenkt.

Nahezu wundersam und berückend komponiert steht im Mittelpunkt dieser vielfarbig kolorierten Geschichte ... ein Instrument von ganz eigener, sehr besonderer Schönheit – ein Violincello, und mit diesem öffnen sich die poetischen Räume der Musik.

Thorsten Paprotny zu *Stimmung für Violoncello solo*